LOS INCREIBLES JUEGOS OLÍMPICOS

CICLISMO

POR ASHLEY GISH

CREATIVE EDUCATION • CREATIVE PAPERBACKS

Publicado por Creative Education
y Creative Paperbacks
P.O. Box 227, Mankato, Minnesota 56002
Creative Education y Creative Paperbacks
son marcas editoriales de The Creative Company
www.thecreativecompany.us

Diseño de The Design Lab
Producción de Alison Derry
Dirección de arte de Tom Morgan
Editado de Alissa Thielges
Traducción de TRAVOD, www.travod.com

Fotografías de Getty Images (Anne-Christine Poujoulat, ANP, Doug Pensinger, Elsa, Hulton Archive, Jasper Jacobs, Justin Setterfield, Kyodo News, Peter Parks, Richard Baker, Shirlaine Forrest, Tim Clayton – Corbis, Michał Chodyra), Shutterstock (DELOYS)

Library of Congress Cataloging-in-Publication Data
Names: Gish, Ashley, author.
Title: Ciclismo / Ashley Gish.
Description: [Mankato, Minnesota] : [Creative Education and Creative Paperbacks], [2024] | Series: Los increíbles Juegos Olímpicos de verano | Includes index. | Audience: Ages 6–9 years | Audience: Grades 2–3 | Summary: "Celebrate the Summer Olympic Games with this elementary-level introduction to cycling, the sport known for speed and endurance on bikes. Includes biographical facts about BMX cyclist and gold medalist Charlotte Worthington. Translated in North American Spanish" —Provided by publisher.
Identifiers: LCCN 2023015509 (print) | LCCN 2023015510 (ebook) | ISBN 9781640269286 (library binding) | ISBN 9781682774786 (paperback) | ISBN 9781640269927 (pdf)
Subjects: LCSH: Cycling—Juvenile literature. | Mountain biking—Juvenile literature. | Stunt cycling—Juvenile literature. | Bicycle motocross—Juvenile literature. | BMX freestyle (Stunt cycling)—Juvenile literature. | Summer Olympics—Juvenile literature. | Cyclists—Juvenile literature. | Worthington, Charlotte—Juvenile literature.
Classification: LCC GV1043.5 .G57518 2024 (print) | LCC GV1043.5 (ebook) | DDC 796.6—dc23/eng/20230411

Impreso en China

Tabla de contenidos

El ciclismo ha estado en los Juegos Olímpicos de Verano desde 1896. Primero llegaron el ciclismo en ruta y en pista. El ciclismo de montaña se agregó en 1996. El ciclismo BMX se introdujo en los Juegos Olímpicos en 2008. En todos estos eventos se usan diferentes tipos de bicicletas.

El equipo de Gran Bretaña ganó el oro en una prueba de ciclismo en equipo, en 1908.

LONDON

Las pistas de carreras incluyen colinas que aumentan el desafío para los competidores.

El ciclismo en ruta se corre al aire libre en carreteras asfaltadas. Todos los ciclistas comienzan al mismo tiempo. Compiten entre sí. Necesitan mucha **resistencia**. Los hombres corren 124 millas (200 kilómetros). Las mujeres corren 75 millas (121 km). Los primeros tres ciclistas que cruzar la meta ganan una medalla.

resistencia la capacidad de seguir sin parar, sin agotarse

Los eventos de ciclismo en ruta en Tokio 2020 concluyeron en la base del monte Fuji.

Las pruebas contrarreloj también se llevan a cabo en una carretera abierta. Los ciclistas empiezan de a uno. No compiten entre sí. Compiten contra el reloj. Los hombres pedalean 27,5 millas (44,3 km). Las mujeres corren la mitad de esa distancia. Los tres mejores tiempos ganan medallas.

Los ciclistas usan manillares aerodinámicos para mantener una posición baja y avanzar rápido.

leevalley.org.uk
Lee Valley VeloPark
LV Lee Valley
For nature, sport and discovery
visitleevalley.org.uk
LV Lee Valley
For nature, sport and discovery
Lee Valley VeloPark
@LeeValleyVP
Host your event here

La forma de la pista les permite a los ciclistas ganar velocidad rápidamente.

El ciclismo en pista se lleva a cabo en un **velódromo**. Las carreras de velocidad duran tres **vueltas**. Los ciclistas alcanzan velocidades explosivas. ¡Para la tercera vuelta, pueden alcanzar las 43 millas (69 km) por hora! Las bicicletas de pista tienen ruedas sólidas de disco, una sola velocidad y no tienen frenos.

velódromo una pista de carreras ovalada con lados inclinados para el ciclismo en pista

vuelta un círculo completo alrededor de una pista

El omnium consta de cuatro carreras en un día.

Los eventos de resistencia también se realizan en la pista. En el omnium, los ciclistas ganan puntos según cuán bien les va en cuatro carreras diferentes. En la persecución por equipos, dos equipos de cuatro ciclistas compiten durante 16 vueltas. Los miembros de un mismo equipo **van a rueda** en una sola fila para ahorrar energía. Tratan de llegar primero o alcanzar al otro equipo.

ir a rueda ir en bicicleta cerca y detrás de otra bicicleta para beneficiarse del descenso de la presión del aire que se crea detrás de ella

POLSKA
ŠKODA
PORTUGAL
Cofidis
SKF

BELGIUM
BELGIAN CYCLING TEAM

Cascos y almohadillas protegen a los ciclistas en las colisiones.

La Madison es un evento de ciclismo en pista por equipos. Los dos ciclistas del equipo se turnan para descansar y correr. Al momento de cambiar, los compañeros de equipo se toman de las manos. Un ciclista lanza al otro hacia delante para un explosión de en velocidad.

Los choques de manos y los empujones ayudan a los compañeros de un equipo a sobrepasar a sus contrincantes o mantenerse por delante de ellos.

Las bicicletas de montaña resisten caminos difíciles e irregulares y grandes caídas sin romperse.

Los ciclistas de montaña corren sobre caminos de tierra. El camino sinuoso suele atravesar bosques. Los ciclistas recorren una pista de **obstáculos** natural hecha de rocas y troncos. Las colinas empinadas restan velocidad a los competidores. Pero luego bajan del otro lado a toda marcha.

obstáculo objeto a saltar o esquivar

JAPAN
JAPAN
JAPAN
WAVE ONE
JAPAN
8
22

Red Bull
365
87
475
316
10

Las carreras de BMX se llevan a cabo en pistas de tierra especiales. Hay sacudidas, saltos y virajes inclinados. Los ciclistas usan cascos integrales, camisetas y pantalones largos. El ciclismo BMX estilo libre llegó a los Juegos Olímpicos en Tokio 2020. Los ciclistas usan rampas para volar por los aires. Ganan puntos al hacer piruetas, giros y otras acrobacias en 60 segundos.

Los ciclistas BMX pueden alcanzar velocidades de hasta 37 millas (60 km) por hora.

El ciclismo olímpico tiene algo para todos los gustos. Es divertido tratar de adivinar quién ganará una larga carrera en ruta. No quites la mirada de la prueba de velocidad; cualquier ciclista podría ganar en un instante. Es muy emocionante ver las pruebas de ciclismo de montaña y BMX. ¡Cada atleta da lo mejor de sí para ganar el oro!

El británico Jason Kenny (de azul) es el ciclista olímpico más condecorado.

Competidores destacados: Charlotte Worthington

La ciclista británica Charlotte Worthington primero aprendió a realizar trucos de bicicleta en un escúter. De adolescente, descubrió el ciclismo BMX. Trabajaba de chef mientras competía en eventos de BMX. Cuando tenía 25 años, fue la primera mujer en ganar medalla de oro en el ciclismo BMX estilo libre en Tokio 2020. Su mayor deseo es inspirar a las niñas y jóvenes a practicar este emocionante deporte.

adidas
TOKYO 2020

Índice